U0861985

广西全民阅读书系

“广西全民阅读书系”编委会

主　任　利来友

副主任　张艺兵　黎洪波　卢培钊

成　员　唐　勇　梁　志　石立民

　　　　岑　刚　白竹林　雷　鸣

　　　　刘项鹏　罗敏超

广西全民阅读书系

『海防长城』铸造者
刘永坦

吴晶 陈聪 著

覃小恬 绘

小学版

广西出版传媒集团 广西科学技术出版社

图书在版编目（CIP）数据

“海防长城”铸造者刘永坦 / 吴晶，陈聪著；覃小恬绘．-- 南宁：广西科学技术出版社，2025．4．-- ISBN 978-7-5551-2423-8

Ⅰ．K826．13-49

中国国家版本馆 CIP 数据核字第 20258Q4E26 号

“HAIFANG CHANGCHENG” ZHUZAOZHE LIU YONGTAN
“海防长城”铸造者刘永坦

总 策 划　利来友

监　　制　黄敏娴　赖铭洪
责任编辑　罗　风
责任校对　吴书丽
装帧设计　李彦媛　黄妙婕　杨若媛　梁　良
责任印制　陆　弟

出 版 人　岑　刚
出　　版　广西科学技术出版社
广西南宁市东葛路 66 号　邮政编码　530023
发行电话　0771-5842790
印　　装　广西民族印刷包装集团有限公司
开　　本　710 mm × 1030 mm　1 / 16
印　　张　3.25
字　　数　47 千字
版次印次　2025 年 4 月第 1 版　2025 年 4 月第 1 次印刷
书　　号　ISBN 978-7-5551-2423-8
定　　价　19.80 元

如发现印装质量问题，影响阅读，请与出版社发行部门联系调换。

我国的海洋国土面积约300万平方千米，在全世界排第九位。我们的海岸线，也就是我们的海洋国境线总长3.2万千米，大陆海岸线长达1.8万千米，岛屿海岸线长达1.4万千米。

海岸线是“海上国门”，世界各国都要靠雷达来守好这个国门。但传统雷达的探测范围太有限了，在过去，我国海域可监控的预警范围不到20%。

直到有一位科学家研制出了一种新型雷达，它可以沿着海面绕射、贴着海平面爬升，把以前看不到的目标尽收眼底。

这位科学家，名叫刘永坦。

1936 年，刘永坦出生在南京一个温馨的书香门第。他的父亲是工程师，母亲是教师，舅舅是大学教授。很小的时候，刘永坦就见识过外祖父和舅舅家的大书房。四面墙的书柜里摆满了书，那些书好像可以通往一个高深而神秘的世界，这让刘永坦好奇而又向往。

然而，战争打破了这份宁静，也打碎了刘永坦美好的童年。由于日寇入侵，刘永坦随家人开始了逃难生涯。从南京到武汉，从宜昌到重庆，再回到南京……10 多年的时间，刘永坦的记忆里只有山河破碎、颠沛流离。

他最记忆深刻的，是日军轰炸机的狂轰滥炸。成群的轰炸机密密麻麻地遮住了天空，江上的船被炸翻了，很多无辜的百姓被炸死，江水的血红色久久没有褪去。

父亲跟刘永坦讲着南京大屠杀的惨状，然后说：“儿啊，我们是个农业国，没有制造业、没有技术，国家太落后，就会被欺负。要想让国家强大起来，必须掌握先进的技术。你要好好学习，长大有了本事为国家做点实事。”

科学可以救国。父亲的这番话，仿佛一颗种子，深深地扎根在了刘永坦心中。

刘永坦的母亲是一名大家闺秀，经常教他诵读古代诗词：“‘死去元知万事空，但悲不见九州同。王师北定中原日，家祭无忘告乃翁。’‘三十功名尘与土，八千里路云和月。莫等闲，白了少年头，空悲切……’”

母亲还给刘永坦买来一些科普读物。爱迪生、牛顿、爱因斯坦……一个个科学家的故事，让刘永坦敬佩不已。那些用科技造福人类的壮举，令他对科学研究有了更加浓厚的兴趣。

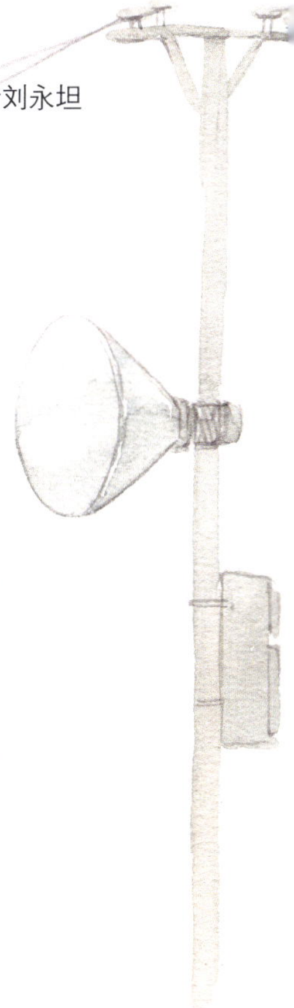

1950年，14岁的刘永坦考入了南京大学附属中学的高中班。他抓住机会，勤奋进取，学习成绩名列前茅。

高二这年，听说学校要建有线广播站，曾经组装过收音机的刘永坦主动揽下任务。经过多次的试验和努力，大喇叭终于竖起来了，学校近百间教室都听到了清晰的声音：“同学们，你们好！今天是我校第一次广播……”

这是刘永坦一生中完成的第一个项目。谁曾想到，冥冥之中，他的一生，都会和看不见、摸不着的电磁波结缘呢！

1953 年，刘永坦以优异的成绩通过了高考。正当他犹豫该怎样填报志愿时，他在报纸上看到了一篇名为《哈工大——红色工程师的摇篮》的文章。当一名红色工程师，为了祖国而奋斗，该是多么荣耀！

于是，这个踌躇满志的青年，在志愿栏里，郑重地写上了“哈尔滨工业大学”。然后，他背上行囊，一路向北，向着梦想中的科学圣殿出发。

刘永坦在电子工程领域的追梦之旅，就从此刻启航了。

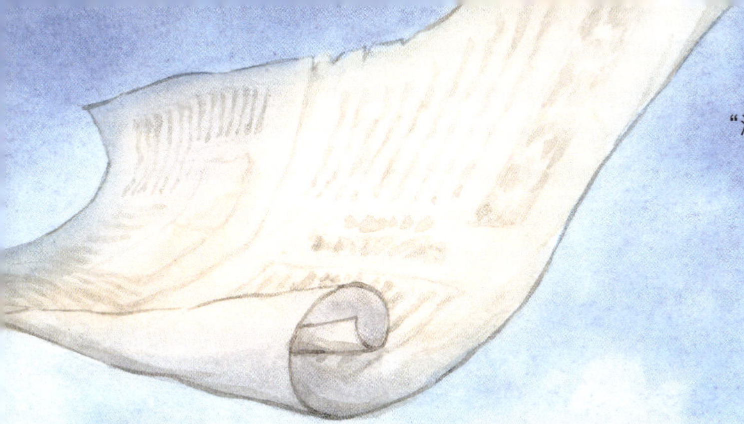

然而，那时的哈尔滨工业大学条件十分艰苦。映入刘永坦眼帘的，只有一片枯黄的荒地和几排简陋的平房。

刘永坦万万没想到，这个“红色工程师的摇篮”竟是这个样子。学校的伙食只有高粱米、土豆、玉米面，宿舍里只有一铺土炕，睡六七个人。到了冬天，室外是零下30多摄氏度的严寒，室内没有厕所，只备一个马桶。

但刘永坦没有退缩。他的心里仿佛燃着一把火，他决心和800多名平均年龄只有27.5岁的青年师生一道，为建设新中国贡献青春和才智。

天寒地冻的校园，向渴望知识的青年热情地敞开怀抱。刘永坦如鱼得水，尽情地在知识的海洋里遨游。除了学校开设的工科数学和物理课程，他又自学了理科数学和物理等相关内容。

经过一年预科、两年本科的学习，成绩优异的刘永坦被学校派往清华大学进修无线电技术。在这个大师云集、人才荟萃的校园，刘永坦心无旁骛地完成了两年的学习任务，成为一名合格的预备师资。他顽强的意志力、坚韧的性格也在此时显现了出来。

1958 年，刘永坦回到母校，参与组建无线电系。这年夏天，他如愿以偿，走上了一直向往的大学讲台。

1965 年，国家批准哈尔滨工业大学研制机载单脉冲雷达，刘永坦受命担任这个项目的负责人。他和同事们夜以继日地待在办公室，通宵达旦地钻研技术。然而，“文化大革命”突如其来，如火如荼的科研工作被迫中断。刘永坦被下放到农村，每天干着积肥、种地、插秧等农活。

6年之后，刘永坦终于接到了哈尔滨工业大学的返校通知。他是多么急切地想要回到朝思暮想的教学和科研工作中去啊！

刚回到学校，刘永坦就接到了新的任务：研制脉冲压缩器。

脉冲压缩器是雷达的核心部件，对于当时的中国而言，这是一项全新的、跨学科的科研项目。对于刘永坦这样的年轻学者来说，这样陌生而未知的领域充满了挑战。

然而，刘永坦没有丝毫胆怯，他毫不犹豫地立下了“军令状”。他恨不得即刻着手研究，把荒废了6年的时间追回来。

1978年，是不寻常的一年。3月18日，新中国成立以来首次召开了全国科学大会。经历了10年的浩劫与停滞，科学的春天终于来了。

这一年，刘永坦的事业突飞猛进，喜讯连连。鉴于他在教学领域的突出表现，他被破格从助教直接晋升为副教授；同时，为了科研工作的需要，他有幸成为哈尔滨工业大学无线电系第一个学会使用计算机的人。

1978 年夏天，刘永坦正在修抗洪江堤。没有任何准备，一纸去北京语言学院参加出国人员外语培训班选拔考试的通知，让他走进了阔别已久的考场。

“多年的知识积累终于可以派上用场了！”考场上，已步入中年的刘永坦，用磨出老茧的手，颤抖地抓起了笔……

凭借扎实的基础，刘永坦又一次脱颖而出，成为改革开放后第一批公派出国留学的佼佼者。

1979年6月，刘永坦来到久负盛名的英国伯明翰大学电子工程系进修和工作。这所大学文献资料丰富、设备先进，聚集着一大批雷达技术领域的知名专家和学者，刘永坦的合作教授谢尔曼就是其中之一。

刘永坦到来之前，谢尔曼教授曾接收过少量的中国留学生，但他们大多只能给人打下手。

此时，父亲的话回响在刘永坦耳边：“不管你将来学什么，从事什么职业，都希望你能为中国人干点事。”

刘永坦迫切希望能够多学习专业领域的知识，学成后早日归国、报效祖国。

那时的中国国力有限，公派留学的人可谓凤毛麟角。

多么千载难逢的学习机遇啊！刘永坦把祖国的培育之恩埋在心底，发奋努力。

他无暇去游览这座美丽的城市，更无心去参与悠闲的交际。他的日程表上只有“三点一线”：图书馆、实验室和宿舍。

素以严格和傲慢著称的谢尔曼教授，在刘永坦报到当天，就给他一沓厚厚的文献资料，让他在三天内提交一份综述报告。

这些资料上的很多内容，刘永坦从未接触过。他深知，这是谢尔曼教授有意在试探。如果这道题解不出来，以后就只能靠边站！

三天三夜，刘永坦几乎没合眼。他查找各种资料、啃下生涩的专业术语，然后再研究理解文义……第四天，睁着布满血丝的双眼，他按时提交了报告。

看到谢尔曼教授的微笑，刘永坦知道，这道题，自己答对了！

这名勤奋、刻苦的中国学生，迅速赢得了谢尔曼的赏识与信赖。谢尔曼不仅让刘永坦帮着带学生，还让他参与到重大科研项目中，负责核心部分的科研攻关。

刘永坦的斗志更足了！他就像上了弦的发条，一刻不停。他不断告诫自己：“我是一名中国人，我的成功与否代表着中国新一代知识分子的形象。”

设计—试验—失败—总结—再试验……终于，一年多后，刘永坦顺利完成了具有国际先进水平的信号处理机研制工作。

谢尔曼教授对此评价说：“刘永坦独自完成的工程系统，是一个最有实用价值、工程上很完善的设备，其科研成果无论在理论上还是实践上都很重要。他的贡献是具有独创性的。”

由于刘永坦表现优秀，伯明翰大学授予他“名誉研究员”的称号。

进修即将结束，谢尔曼教授三次向刘永坦提出高薪聘请他留下来工作的请求。

刘永坦默默摇摇头，诚恳地谢绝了：“我学有所成，当然要回国。在英国，无论我工作多么努力，取得多大的成绩，终归是在给别人干活。回到祖国，我可以堂堂正正地署上‘中华人民共和国’，这种心情是何等舒畅！”

“中国必须发展这样的雷达！这就是我要做的！”1981 年的金秋，刘永坦毅然启程回国。

此刻，他的心中已萌生出一个宏愿——开创中国的新体制雷达之路。

新体制雷达代表着现代雷达的发展趋势，它能绕射到传统雷达视距的“盲区”来发现目标，是海防战线上决胜千里的“火眼金睛”。此外，这种技术对航天、航海、渔业、沿海石油开发等领域也都有重要作用。

然而，在当时，世界上只有少数几个国家牢牢掌控着这项技术，中国始终难有突破。

一回到母校，刘永坦就把自己在外学习时的所见所闻做了汇报：“雷达能看多远，海洋安全就可以保多远。别的国家已经在研制新体制雷达，中国也绝不能落下。”

刘永坦认为，新体制雷达是我国从海洋大国向海洋强国迈进的必由之路。可是，除了基础理论和思路，刘永坦找不到多少资料，更没有相关的技术可供借鉴。有人劝他说，这样的研究风险太大、周期太长，很可能竹篮打水一场空。但是，刘永坦不改初衷。

学校领导对他的想法非常支持，刘永坦便和同事一起去北京，向当时的有关部门领导汇报，翔实地介绍发达国家新体制雷达发展的动态，并畅谈了自己的大胆设想。

几经波折，国家有关部门认可了刘永坦的设想，希望他们尽快拿出一份论证报告，并召开专家论证会，讨论方案是否可行、能否立项。

刘永坦立即着手进行细致的策划和准备。他根据当时世界上最新的技术信息，运用自己在国外取得的科研新成果，采用独特的信号与数字处理技术，经过10个月的连续奋战，从数千次实验中获取数万个测试数据后，提出了研制中国新体制雷达的方案。

那个时候没有打印机，这份700多页的报告约有20万字，足足有六大本，全部靠手写。

刘永坦带着团队成员通宵达旦，一笔一画，写到最后手指发麻、手腕酸痛，甚至做饭时都捏不住鸡蛋。

1983年夏，方案评审会召开了。整整4天后，与会专家一致表决通过了该报告。有两位老专家深有感触地说：“我们已经多年没有看到过如此详细的论证报告了！”

项目决定分两步走：第一步，在实验室进行研究；第二步，在海边建立新体制雷达站。

这是一条从来没有人走过的路，刘永坦却丝毫没有畏惧。他光荣地加入了中国共产党，把火一般的激情投入更加繁忙的科研工作中。

在刘永坦心中，新体制雷达不仅是一个科研项目，还是他毕生的奋斗目标：不能让多灾多难的祖国再受外国列强的欺负，要用新体制雷达为祖国的万里海疆筑牢“海上长城”。

刘永坦组建了一个6人小组，对新体制雷达的原理一项项进行论证，对关键技术指标一个个开展攻关。

800多个日夜的努力、数千次的实验、数万个测试数据的获取……1986年7月，新体制雷达关键技术成果鉴定会上，50多位专家经过认真审查、讨论和评议，一致认为："刘永坦团队用两年多的时间在技术攻关中取得了重大进展，已经掌握了新体制雷达的关键技术，某些单项技术已经进入国际先进行列。"

然而，从纸上谈兵到实际操作，更严峻的考验才刚刚开始。

刘永坦和同事们把雷达站的建设地点选在了威海一处山边的海滩上，这里荒凉一片，蒿草有一人高。

夏天蚊子成群，下雨泥泞满地，从科研小组的临时住所到雷达站要走半个多小时，一日三餐都成了问题。

不仅如此，由于项目经费不足，发射机、接收机等模拟系统和操作系统十分落后，频频死机。见团队里有人打了蔫儿，刘永坦脸一板：“如果没有困难，还叫什么科研？！”

一件件地运输、组装，一次次地调试、对接，刘永坦同时还兼顾着科研与教学任务……1989年，新体制雷达实验系统终于建成了。

中国人用8年时间，赶完了西方国家二三十年的路。

刘永坦和他的团队，经历了常人难以想象的艰辛。

1990 年 4 月 3 日，对于所有人来说，都是一个难忘的日子。

这一天，刘永坦团队首次完成了我国对海面舰船目标的远距离探测实验，标志着新体制雷达技术实现了我国对海探测技术的重大突破。

屏幕上，一个小小的光点越来越清晰，一开始大家还没有反应过来，直到刘永坦指着它说：“这就是我们的目标！”

大家热泪盈眶、相拥而泣，这场决定胜负的战斗打赢了！

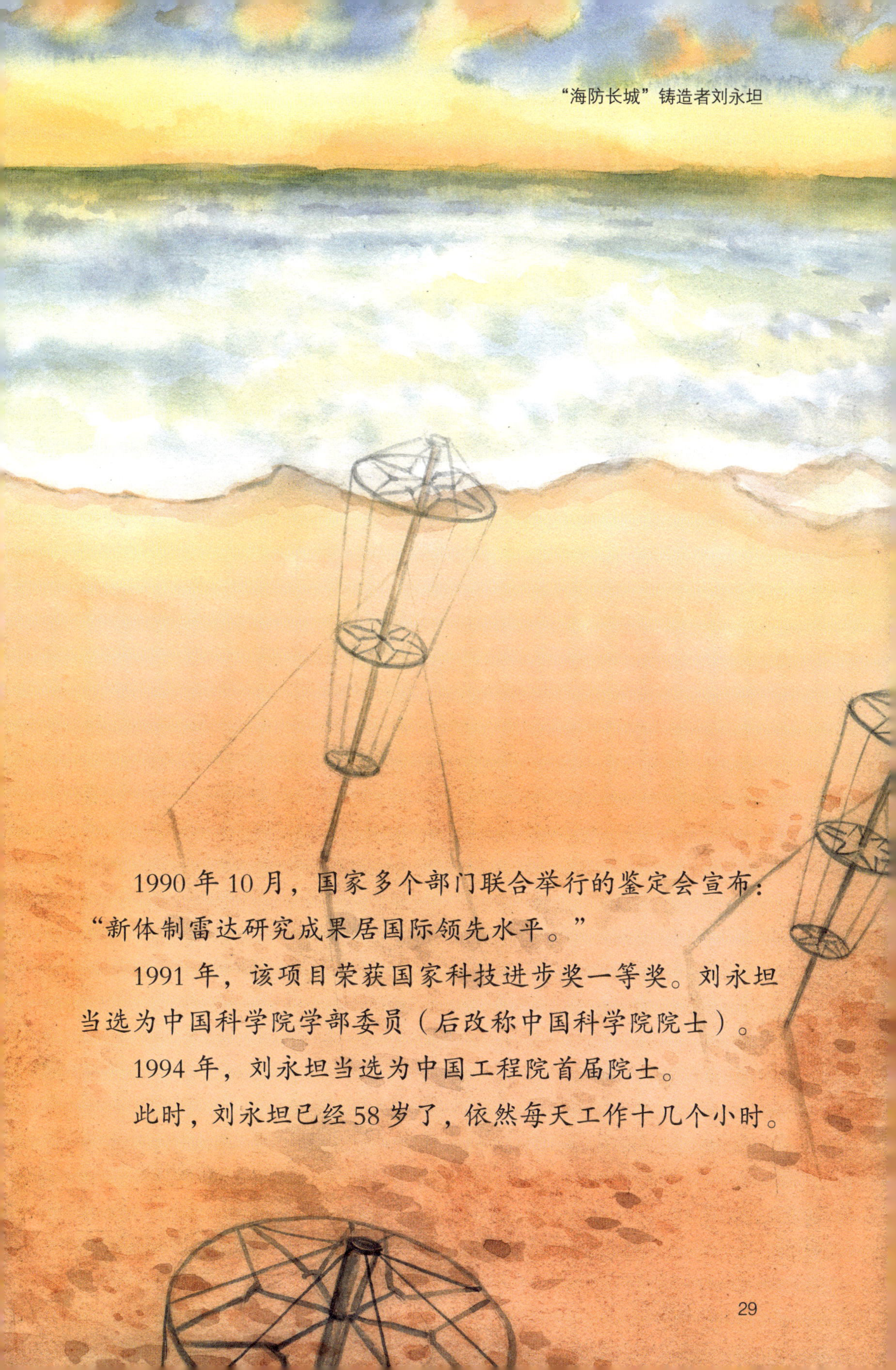

1990年10月，国家多个部门联合举行的鉴定会宣布：“新体制雷达研究成果居国际领先水平。”

1991年，该项目荣获国家科技进步奖一等奖。刘永坦当选为中国科学院学部委员（后改称中国科学院院士）。

1994年，刘永坦当选为中国工程院首届院士。

此时，刘永坦已经58岁了，依然每天工作十几个小时。

有人劝刘永坦保重身体，也有人劝他“见好就收”。可是他依然不满足，他说：“成果倘若不能变成真正的应用，那就像一把没有开刃的宝剑，中看不中用，这对国家来说是一种巨大的浪费和损失。”

刘永坦认为，新体制雷达的研究还停留在实验室层面，并没有转化成能够真正为国家发挥作用的产品，国家真正需要的是进一步建立有实际意义的雷达站。

1997 年，新体制雷达被批准正式立项，刘永坦的团队只有二十几人，面对的却是一系列国际难题。

他依旧面带微笑，鼓励团队成员：“跟理论相比，实际情况会有很多意想不到的事情掺入其中，需要仔细分析各种各样的原因，一件件解决。这也是好事，因为不碰到实际问题，我们的能力永远也提高不了，你有的都是书本上的很漂亮的理论，但往往套到实际中去就发现不是那么回事了，只有在实际中解决问题，才能体现出理论的完美。”

又一场攻坚战打响了！刘永坦带领团队从实验场转向应用场。

这一次，他们来到了南方一片荒凉的海边，条件比以前更艰苦。

而恰恰在这时，刘永坦的老伴儿冯秉瑞遭遇车祸，股骨头骨折，需要做手术打三根钢钉固定。一边是需要照顾的妻子，一边是正在进行的项目，看到刘永坦为难的样子，冯秉瑞一再催促他赶紧回去工作。

“那里是国家的大事，我这里可以请个人来照顾，不要为我担心。”听着妻子这番话，刘永坦满怀愧疚。他久久握住妻子的手，最后，含泪离开了病房。

第二年冬天，固定在冯秉瑞体内的钢钉被取出，但是，她的股骨头发生了缺血性坏死，导致她无法独立行走。此后 20 多年，无论刘永坦怎样忙碌，她都坚强地拄着拐杖，默默支撑着一个家的生活。

刘永坦非常欣赏他的妻子。她不仅始终如一地支持他的工作，而且自己也是一位教授。在他们夫妇的言传身教下，三个孩子都学有所成。

刘永坦也十分感激他的团队。当时，南方一些地区迅速发展，东北地区的很多人才纷纷飞去了南方，飞去了国外，飞去了待遇更加优厚的地方。

然而，刘永坦的团队成员却执着地留了下来。从严寒的冬季到难耐的酷暑，他们跟着他南征北战，在荒芜寂寞的海边一干就是20年。

团队骨干、哈尔滨工业大学电信学院教授邓维波说："刘老师是学术上的干将，更是团队里的帅才，他就仿佛一块磁铁，吸引着同心筑梦的青年学者，共同扛起科学报国的使命和责任。"

2004 年，新建的大型雷达站竣工了。

刘永坦带领团队，扛着电脑和各种仪器，去对接、安装、调试、测试。

没想到，在测试过程中，探测环境中的杂波覆盖了整个目标回波。在威海建立的小型雷达实验站的技术数据在这里行不通。

杂波是雷达研究领域的一个世界性难题。不同的应用场景，得到的结果可能大相径庭。

一连几个月，刘永坦和团队反复试验、日夜分析，但都无法解决这个棘手的问题。

刘永坦意识到，地域的差异导致整个系统都得推倒重来。

可是，为了这个雷达站，他们已经连续奋战几年了！

所有的系统要全部改造，所有的设计要全部推翻，所有的设备要重新购买……一时间，大家都无法接受这个结果，士气低迷。

刘永坦把大家召集到一起，语重心长地说：“困难再大，也没有人的智慧大；问题再多，也能找到解决的办法。只要大家齐心协力，我们一定能渡过难关！”

依旧是通宵达旦地讨论方案，依旧要在艰苦的条件下奋战，依旧要每两个月赶回母校完成教学任务……

在刘永坦的带动下，没有人叫苦，没有人计较个人得失。望向一望无际的大海，每个人的胸中都澎湃着科研攻关的激情。

刘永坦平均每天工作十几个小时，有一次，他直接晕倒在了工程现场。腰部的旧疾反复发作，有时候完全不能行走，他就躺在床上看材料、听汇报。

“解决不了抗干扰问题，雷达就没有生命。”

2011 年秋，历经上千次实验和多次重大改进，刘永坦团队终于成功研制出具有全天时、全天候、远距离探测能力的新体制雷达，使我国成为极少数掌握远距离实装雷达研制技术的国家之一。

最终，新体制雷达正式交付使用，这项成果获得国家科学技术进步奖一等奖。

二十年弹指一挥间。刘永坦在哈尔滨工业大学建起了一支“雷达铁军”，带出了荟萃老中青三代人才的“梦之队”。

在他的用心栽培下，这些人中涌现出了将军、院士、大学校长、教授、院所总师、高科技公司创始人等。

不管身在何处、身兼何职，这些人才都践行着刘永坦教给他们的初心使命：只有掌握了先进技术，才能守住祖国的海防线。

2019 年 1 月 8 日，习近平总书记为刘永坦颁授国家最高科学技术奖。

面对鲜花和掌声，刘永坦依旧谦和而平静：“这份殊荣不单属于我个人，更属于我的团队，属于这个伟大时代所有爱国奉献的知识分子。”

2020 年 8 月，刘永坦、冯秉瑞二人将国家最高科学技术奖 800 万元奖金全部捐给哈尔滨工业大学，设立永瑞基金，旨在为电子工程领域培养更多杰出人才、打造更多“国之重器”。

2021 年 9 月，哈尔滨工业大学“永坦班”迎来第一批 27 名“00 后”本科新生。这个特色班由刘永坦亲自担任班主任，面向未来新体制雷达智能感知探测、新一代移动通信网络等领域，为国家培养和输送电子信息领域的领军人才。

虽然已年过八旬，但刘永坦站在讲台上时依旧精神矍铄，对学生和蔼可亲、有问必答。

从0到1，刘永坦坚持一生只做一件事，在海防科技攻关的“冷板凳”上一坐就是40多年。

曾有多个单位高薪聘请，都被刘永坦一一谢绝。“钱对一个知识分子来说有什么意义？情怀和理想才是最重要的。”

如今，刘永坦团队正在朝着让“21世纪的雷达”在航海、渔业、沿海石油开发、海洋气候预报、海岸经济区发展等领域大显身手的目标进发。

“国家的需要就是我们个人的追求。”刘永坦的话，正是一位大科学家的赤诚写照。

延伸阅读

注释

雷达：利用电磁波发现目标并测定其位置、速度和其他特征参数的电子信息装备。主要由同步器、激励器、发射机、收发开关、天线、接收机、信号处理器、终端显示控制设备和电源等组成。雷达通常能够测定目标的方位、距离、高度；有的雷达还能测量目标的速度和运动轨迹，判断目标类型、数量等。

电磁波：在空间传播的交变电磁场。在真空中的传播速度约为 3×10^8 米 / 秒。无线电波、红外线、可见光、紫外线、X 射线、γ 射线都是不同波长（或频率）的电磁波。有时也指用天线发射或接收的无线电波，而红外线、可见光等也是电磁波，但统称“光波”。

有线广播：利用导线传输音频节目的广播方式。

踌躇满志：形容心满意足、从容自得的样子。

无线电：全称“无线电技术”。电子技术中利用无线电波来传送各种信号的技术。早期用于电报和电台通话，逐渐扩展到广播、电视、测向、定位、遥控、遥感、遥测以至卫星通信。与其他技术相结合又形成了许多学科，如无线电气象学、射电天文学、微波波谱学等。

全国科学大会：1978 年 3 月 18 日，中共中央在北京人民大会堂召开全国科学大会，这是我国科学史上一次空前的盛会，在中国科技发展史上具有里程碑意义。会上，邓小平同志提出了“科学技术是生产力”的论断，为中国制定科教兴国战略和人才强国战略奠定了基础。

凤毛麟角：比喻珍贵而不可多得的人或事物。

国家科学技术进步奖：1984 年 9 月，国务院发布《中华人民共和国科学技术进步奖条例》，标志国家科学技术进步奖正式启动。国家科学技术进步奖是国务院设立的国家科学技术奖五大奖项（国家最高科学技术奖、国家自然科学奖、国家技术发明奖、国家科学技术进步奖、国际科学技术合作奖）之一。

杂波：是雷达行业的专业术语，定义为不需要的反射源，它在有效带宽及雷达搜索窗口中产生并表现为空间上相干的反射器。

国家最高科学技术奖：于 2000 年由国务院设立，是国家科学技术奖五大奖项中最高等级的奖项，授予在当代科学技术前沿取得重大突破或者在科学技术发展中有卓越建树，在科学技术创新、科学技术成果转化和高技术产业化中创造巨大经济效益或者社会效益的科学技术工作者，每年授予人数不超过 2 名。

智能感知：通过智能传感器进行感知的相关理论与技术。智能传感器是在感知到特定的输入（如光、热、声音、动作、触摸等）时，会采取一些预先定义的行动的传感器。智能感知通过智能传感器的硬件设备，借助语音识别、图像识别等技术，将物理世界的信号映射到数字世界，再将这些数字信息进一步提升至可认知的层次，如记忆、理解、规划、决策等，在这个过程中，人机交互至关重要。

刘永坦简介

刘永坦，1936 年出生于南京，籍贯湖北武昌，中共党员，中国科学院院士、中国工程院院士、哈尔滨工业大学教授，我国对海探测新体制雷达理论和技术奠基人。他幼年目睹山河破碎，在家国蒙难中萌生爱国心、强国志，在党的培养下成长成才。他一生致力于我国雷达事业发展，带领团队成功建成了我国首部具有全天时、全天候、远距离探测功能的对海新体制雷达，培育凝聚了一支掌握海防科技主动权的战略创新力量，铸就了捍卫国家领土主权的海防重器，为加快建设科技强国、海洋强国作出了突出贡献。荣获2018年度国家最高科学技术奖，2019年被评为“最美奋斗者”，2021 年被授予“全国优秀共产党员”和“时代楷模”称号，入选“3 个 100 杰出人物”。耄耋之年的刘永坦院士仍然奋战在科研第一线，诠释着一名科学家的初心和坚守。

“永坦班”

2021 年，哈尔滨工业大学创设“永坦班”，永坦班以刘永坦的名字命名，以“心系国之大者、精育国之良才”为目标，面向国家重大需求及电子信息技术发展前沿，培养具有坚实基础、系统思维、创新能力、国际视野、家国情怀的电子信息领域拔尖创新领军人才。2021 年 9 月，永坦班迎来第一批本科新生，虽已 85 岁高龄，刘永坦仍亲自担任班主任，向学生言传身教家国情怀和科学精神，激励青年学子投身国防和科研事业。